A DOSE DO DIA

(A DOZEN A DAY)

*Exercícios Técnicos
PARA PIANO
a serem executados
todos os dias
ANTES da aula*

por

Edna-Mae Burnam
Tradução de Bruno Quaino

**1º LIVRO
(Elementar)**

Nº Cat.: BQ067

© Copyright 1950 by THE WILLIS MUSIC CO. - Cincinnati (Ohio) - USA.
International Copyright Secured - All rights reserved.

HAL•LEONARD® CORPORATION
7777 W. BLUEMOUND RD. P.O. BOX 13819 MILWAUKEE, WI 53213

Publicado sob licença de Hal Leonard Co.

Todos os direitos reservados,
para língua portuguesa no Brasil, a

Irmãos Vitale Editores Ltda.
vitale.com.br
Rua Raposo Tavares, 85 São Paulo SP
CEP: 04704-110 editora@vitale.com.br Tel.: 11 5081-9499

CIP-BRASIL. CATALOGAÇÃO NA FONTE
SINDICATO NACIONAL DOS EDITORES DE LIVROS - RJ.

B919d

Burnam, Edna Mae, 1907-2007
  A dose do dia : exercícios técnicos para piano a serem executados todos os dias antes da aula, 1º livro (elementar) / Edna-Mae Brunam ; tradução de Bruno Quaino. - 1. ed. - São Paulo : Irmãos Vitale, 2013.
  36 p. : il. ; 28 cm.

  Tradução de: A dozen a day
  Inclui índice
  ISBN 978-85-7407-387-3

  1. Música. 2. Música para piano. 3. Partituras. I. Título.

13-05044   CDD: 786.2
                                                              CDU: 78.089.7

10/09/2013   12/09/2013

INDICE

EDNA-MAE BURNAM..5
Palavra a Alunos e Professores

GRUPO I..7
1. Andando e Correndo
2. Saltitando
3. Pulando Num Pé Só
4. Respirando Fundo
5. Flexionando os Joelhos
6. Espreguiçando
7. Estirando a Perna Direita (Pro Alto)
8. Estirando a Perna Esquerda (Pro Alto)
9. Fazendo Piruetas
10. Spaccato
11. Plantando Bananeira
12. Agora Estou Pronto pra Tocar Vamos a Aula Começar

GRUPO II..11
1. Espreguiçando (De Manhã)
2. Andando
3. Correndo
4. Marchando
5. Pulando
6. Chutando Com a Perna Direita (Pro Alto)
7. Chutando Com a Perna Esquerda (Pro Alto)
8. Spaccato
9. Exercícios de Pernas (Deitado)
10. Exercícios de Abdominal
11. Uma "Jogada" Difícil
12. Agora Estou Pronto pra Tocar Vamos a Aula Começar

GRUPO III..16
1. Respirando Fundo
2. Rolando no Chão
3. Escalando (Parado no Lugar)
4. Correndo Na Ponta dos Pés (Parado no Lugar)
5. Passinhos do Bebê
6. Passos de Gigante
7. Pulando Corda
8. Dando Cambalhotas
9. Tocando a Ponta dos Pés
10. Exercícios de Ballet "Entre Chat Quatre"
11. Spaccato
12. Agora Estou Pronto pra Tocar Vamos a Aula Começar

GRUPO IV..21
1. Espreguiçando (De Manhã)
2. Escalando (Parado no Lugar)
3. Correndo Na Ponta dos Pés (Parado No Lugar)
4. Correndo
5. Fazendo Piruetas
6. Tocando a Ponta dos Pés
7. Pulando Num Pé Só
8. Passinhos do Bebê
9. Passos de Gigante
10. Flexionando os Braços (Pra Fora e Pra Dentro)
11. Plantando Bananeira
12. Agora Estou Pronto praTocar Vamos a Aula Começar

GRUPO V...27
1. Respirando Fundo
2. Tocando a Ponta dos Pés
3. Pulando Num Pé Só
4. Subindo Na Escada
5. Pulando Corda (Lento e Acelerado)
6. Balançando os Braços
7. De Pernas Pro Ar
8. Andando Feito Pato
9. Andando Feito Urso
10. Deslizando Pelo Corrimão
11. Uma "Jogada" Difícil
12. Agora Estou Pronto pra Tocar Vamos a Aula Começar

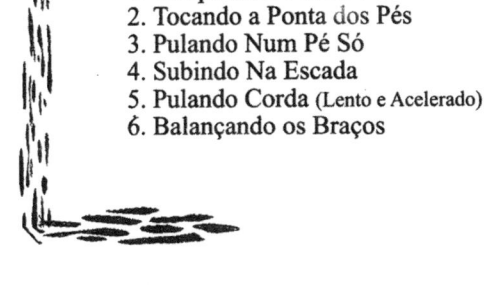

Muitas pessoas fazem exercícios todas as manhãs antes de sair para o serviço.

Da mesma forma, devemos exercitar nossos dedos todos os dias antes de iniciar a aula de piano.

O objetivo deste livro é auxiliar o desenvolvimento de mãos fortes e dedos flexíveis.

Não queira tentar aprender os primeiros doze exercícios de uma vez; estude apenas dois ou três exercícios e pratique-os todos os dias antes de começar a sua aula de piano. Quando esses movimentos estiverem bem dominados, passe para o próximo e assim por diante, até conseguir fazer os doze exercícios com perfeição.

Quando a primeira dúzia, ou o Grupo I, estiver assimilado e sendo praticado com perfeição, o Grupo II poderá ser iniciado, seguindo a mesma conduta.

Quando o método inteiro estiver concluído, quaisquer dos Grupos poderão ser transpostos para outras tonalidades. Aliás este é um procedimento que aconselhamos.

Edna-Mae Burnam (☆1907✝2007)
(Tradução de Bruno Quaino)

À Minha Família

Grupo I
1. Andando E Correndo
(Walking And Running)

1ª vez — legato
2ª vez — staccato

2. Saltitando
(Skipping)

legato — staccato

3. Pulando Num Pé Só
(Hopping)

staccato

4. Respirando Fundo
(Deep Breathing)

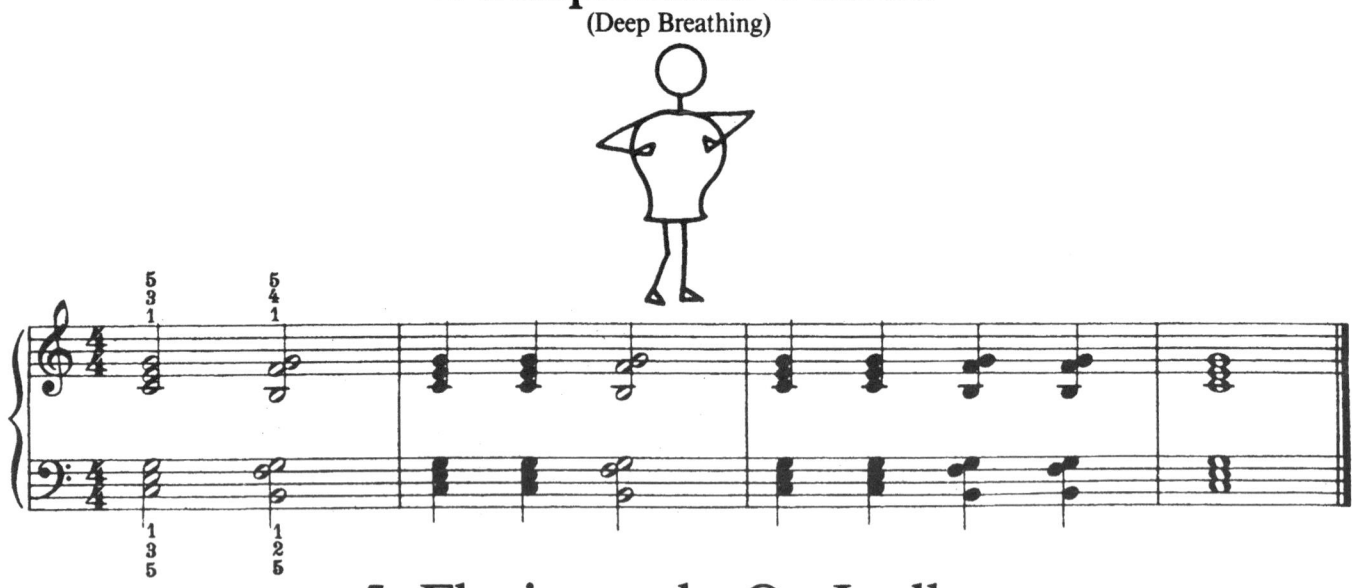

5. Flexionando Os Joelhos
(Deep Knee Bend)

6. Espreguiçando
(Stretching)

7. Estirando A Perna Direita (Pro Alto)
(Stretching Right Leg Up)

8. Estirando A Perna Esquerda (Pro Alto)
(Stretching Left Leg)

9. Fazendo Piruetas
(Cartwheels)

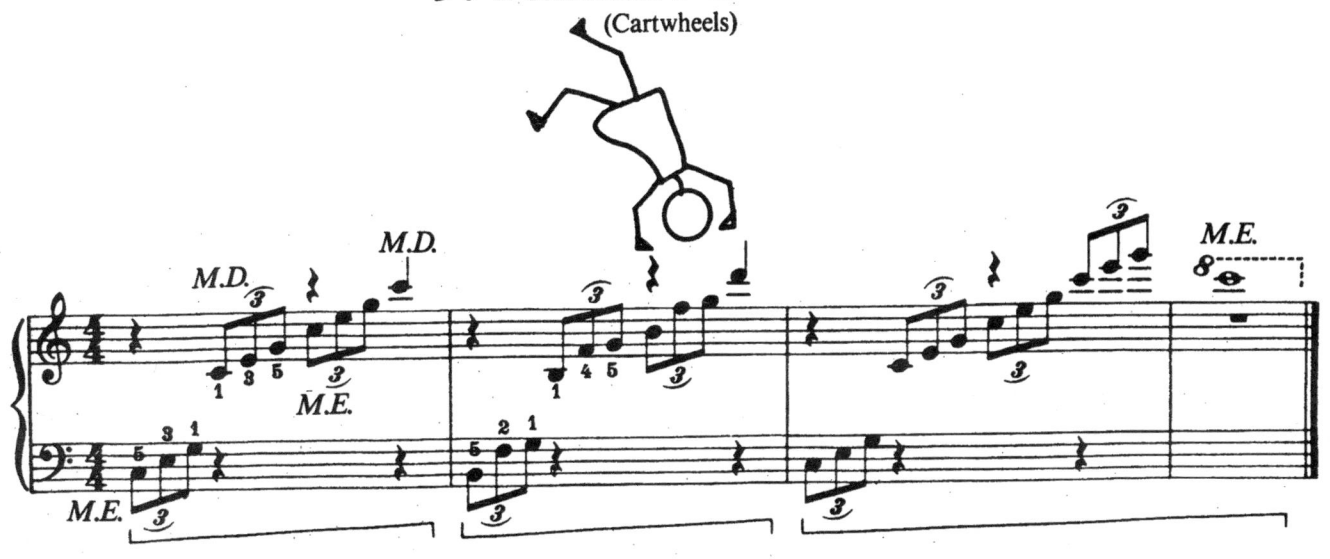

10. Spaccato
(The Splits) (Le Grand Écart)

11. Plantando Bananeira
(Standing On Head)

12. Agora Estou Pronto Pra Tocar Vamos A Aula Começar
(Fit As A Fiddle And Ready To Go)

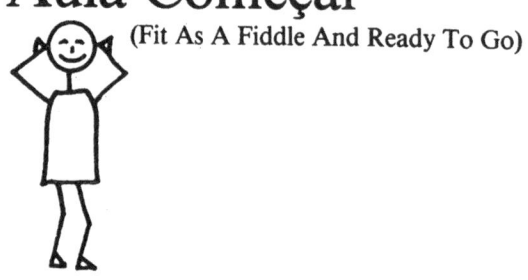

Grupo II
1. Espreguiçando (De Manhã)
(Morning Stretch)

2. Andando
(Walking)

legato — staccato

3. Correndo
(Running)

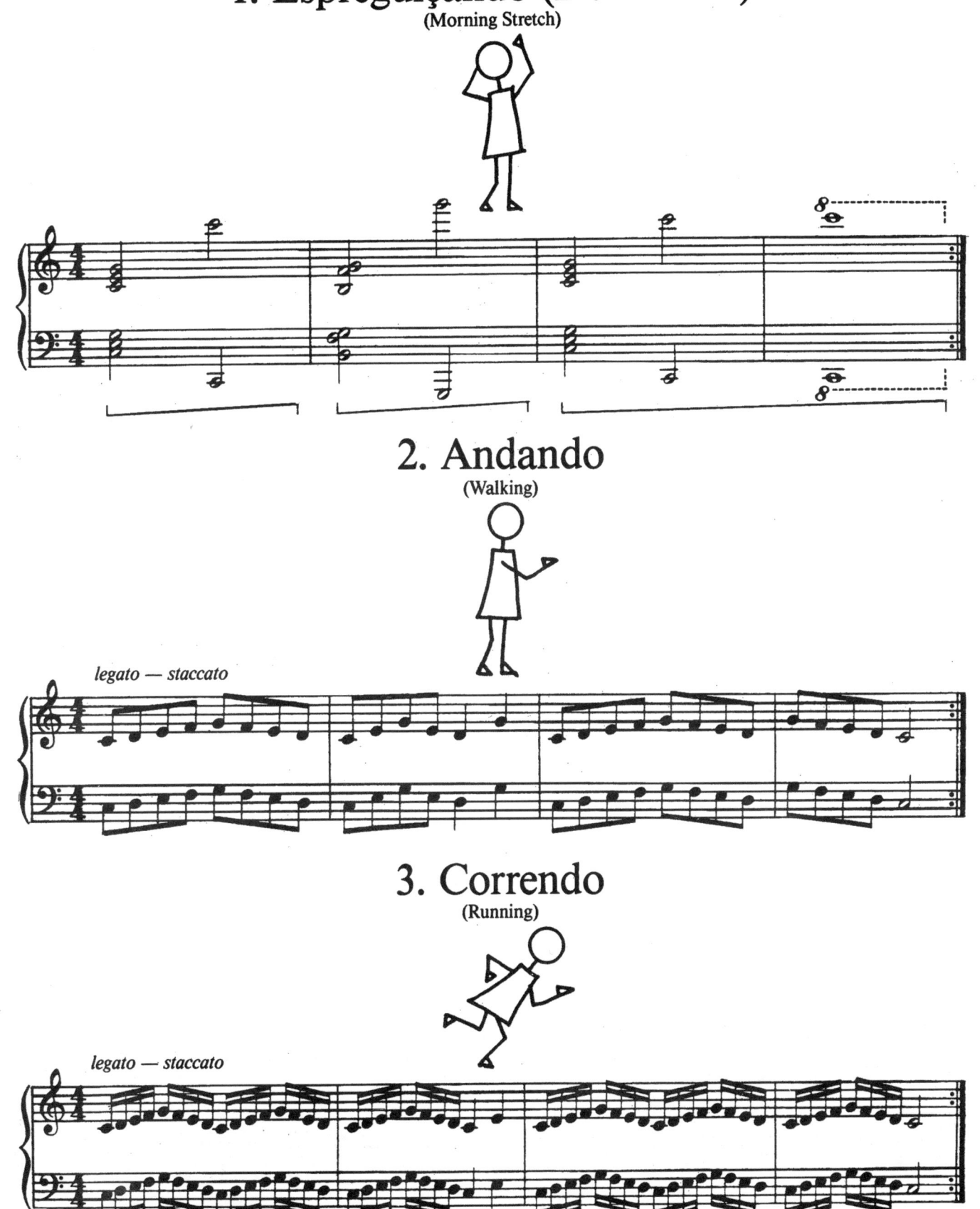

legato — staccato

4. Marchando
(High Stepping)

legato — staccato

5. Pulando
(Jumping)

6. Chutando Com A Perna Direita (Pro Alto)
(Kicking Right Leg)

7. Chutando Com A Perna Esquerda (Pro Alto)
(Kicking Left Leg)

8. Spaccato
(The Splits) (Le Grand Écart)

9. Exercícios De Pernas (Deitado)
(Leg Work) (Lying Down)

legato — staccato

Perna direita Perna direita As duas pernas

Perna esquerda Perna esquerda

10. Exercícios De Abdominal
(Sitting Up And Lying Down)

11. Uma "Jogada" Difícil
(A Hard Trick)

Faça esta primeiro:　　　　　　　　　　Agora esta:

Agora a "jogada" toda:

legato — staccato

12. Agora Estou Pronto Pra Tocar
Vamos A Aula Começar
(Fit As A Fiddle And Ready To Go)

Grupo III
1. Respirando Fundo
(Deep Breathing)

2. Rolando No Chão
(Rolling)

legato — staccato

3. Escalando (Parado No Lugar)
(Climbing — In Place —)

4. Correndo Na Ponta Dos Pés (Parado No Lugar)
(Tip-toe Running — In Place —)

5. Passinhos Do Bebê
(Baby Steps)

6. Passos De Gigante
(Giant Steps)

7. Pulando Corda
(Jumping Rope)

8. Dando Cambalhotas
(Somersaults)

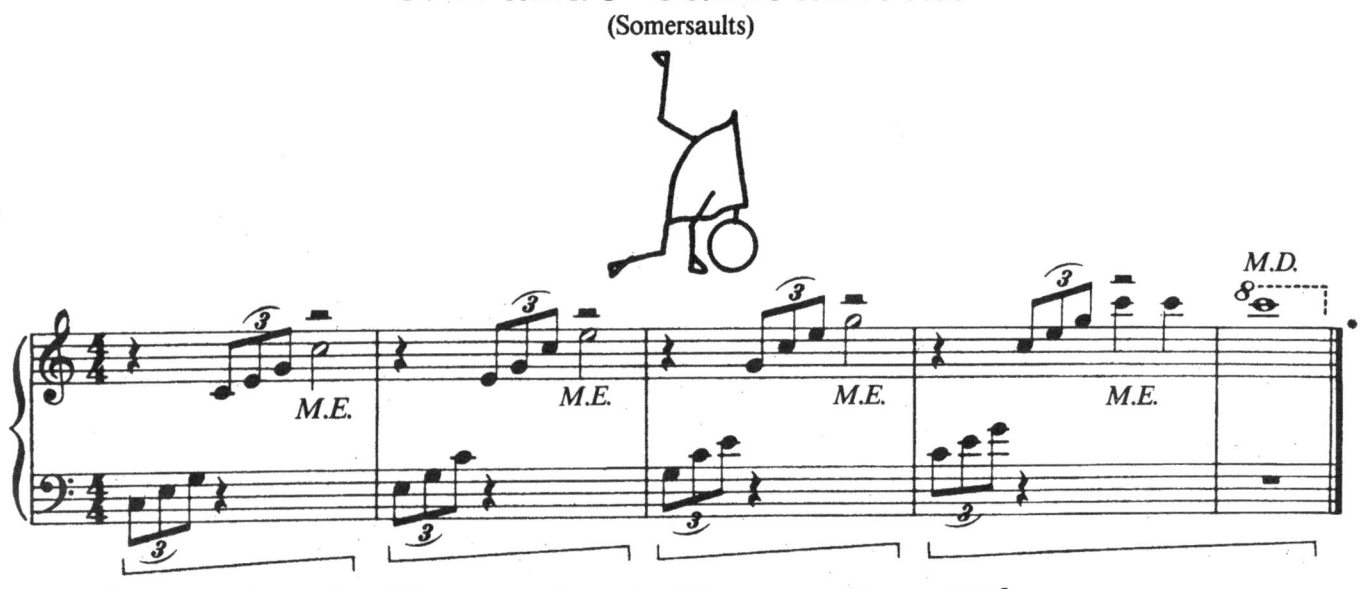

9. Tocando A Ponta Dos Pés
(Touching Toes)

10. Exercícios De Ballet "Entre Chat Quatre"
(Ballet Exercise "Entre Chat Quatre")

11. Spaccato
(The Splits) (Le Grand Écart)

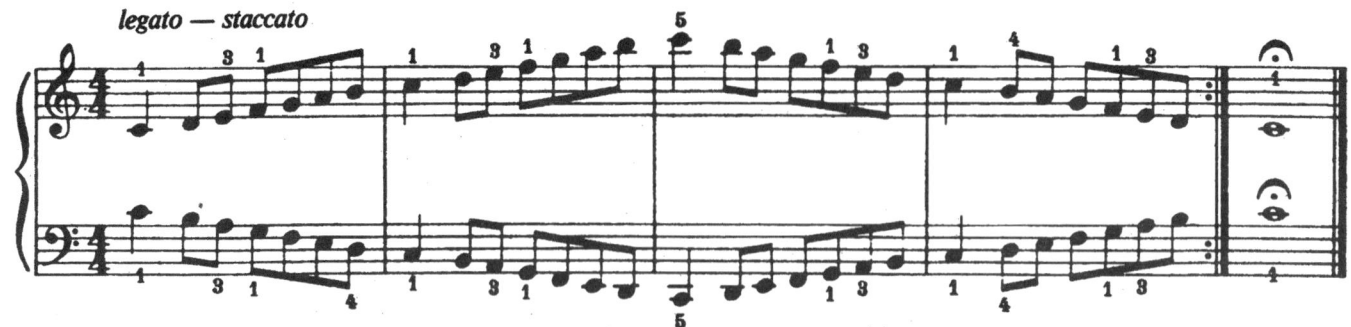

12. Agora Estou Pronto Pra Tocar Vamos A Aula Começar
(Fit As A Fiddle And Ready To Go)

Grupo IV
1. Espreguiçando (De Manhã)
(Morning Stretch)

2. Escalando (Parado No Lugar)
(Climbing — In Place —)

legato — staccato

3. Correndo Na Ponta Dos Pés (Parado No Lugar)
(Tip-toe Running — In Place —)

4. Correndo
(Running)

legato — staccato

5. Fazendo Piruetas
(Cartwheels)

6. Tocando A Ponta Dos Pés
(Touching Toes)

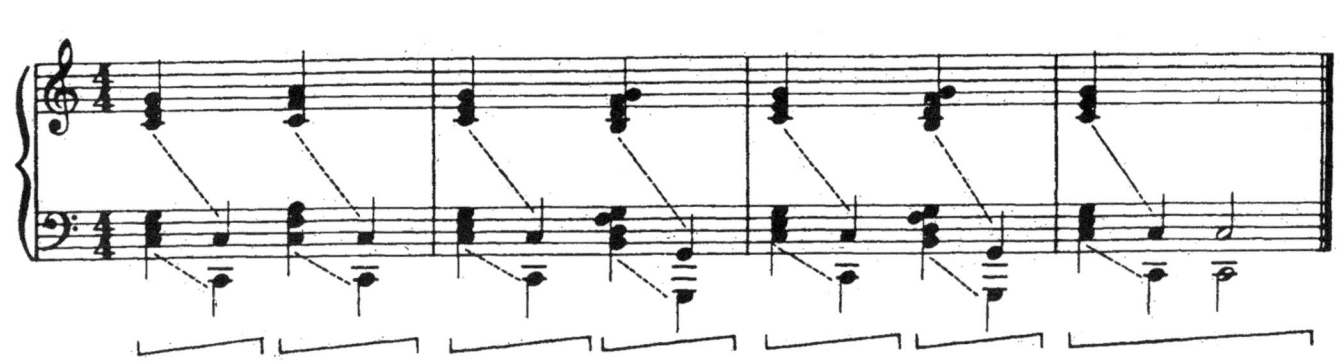

7. Pulando Num Pé Só
(Hopping)

8. Passinhos Do Bebê
(Baby Steps)

legato — staccato

9. Passos De Gigante
(Giant Steps)

10. Flexionando Os Braços Pra Fora E Pra Dentro
(Flinging Arms Out And Back)

legato — staccato

11. Plantando Bananeira
(Standing On Head)

12. Agora Estou Pronto Pra Tocar Vamos A Aula Começar
(Fit As A Fiddle And Ready To Go)

Grupo V
1. Respirando Fundo
(Deep Breathing)

2. Tocando A Ponta Dos Pés
(Touching Toes)

3. Pulando Num Pé Só
(Hopping)

4. Subindo Na Escada
(Climbing A Ladder)

legato — staccato

5. Pulando Corda (Lento E Acelerado)
(Jumping Rope — Slow, And "Red Pepper" —)

6. Balançando Os Braços
(Swinging Arms)

7. De Pernas Pro Ar
(Hand Springs)

8. Andando Feito Pato
(Walking Like A Duck)

9. Andando Feito Urso
(Bear Walk)

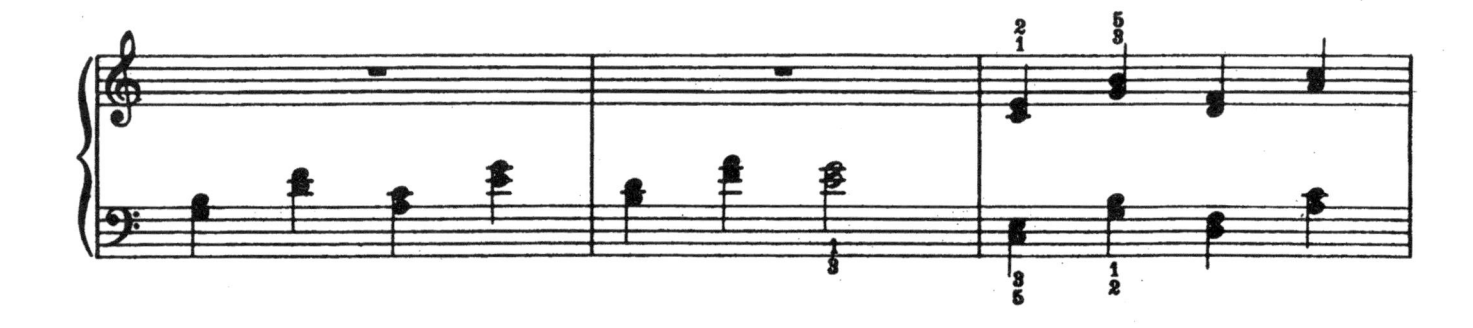

10. Deslizando Pelo Corrimão
(Sliding Down The Bannister)

11. Uma "Jogada" Difícil
(A Hard Trick)

Faça esta primeiro:

legato — staccato

Agora esta:

legato — staccato

Agora a "jogada" toda:

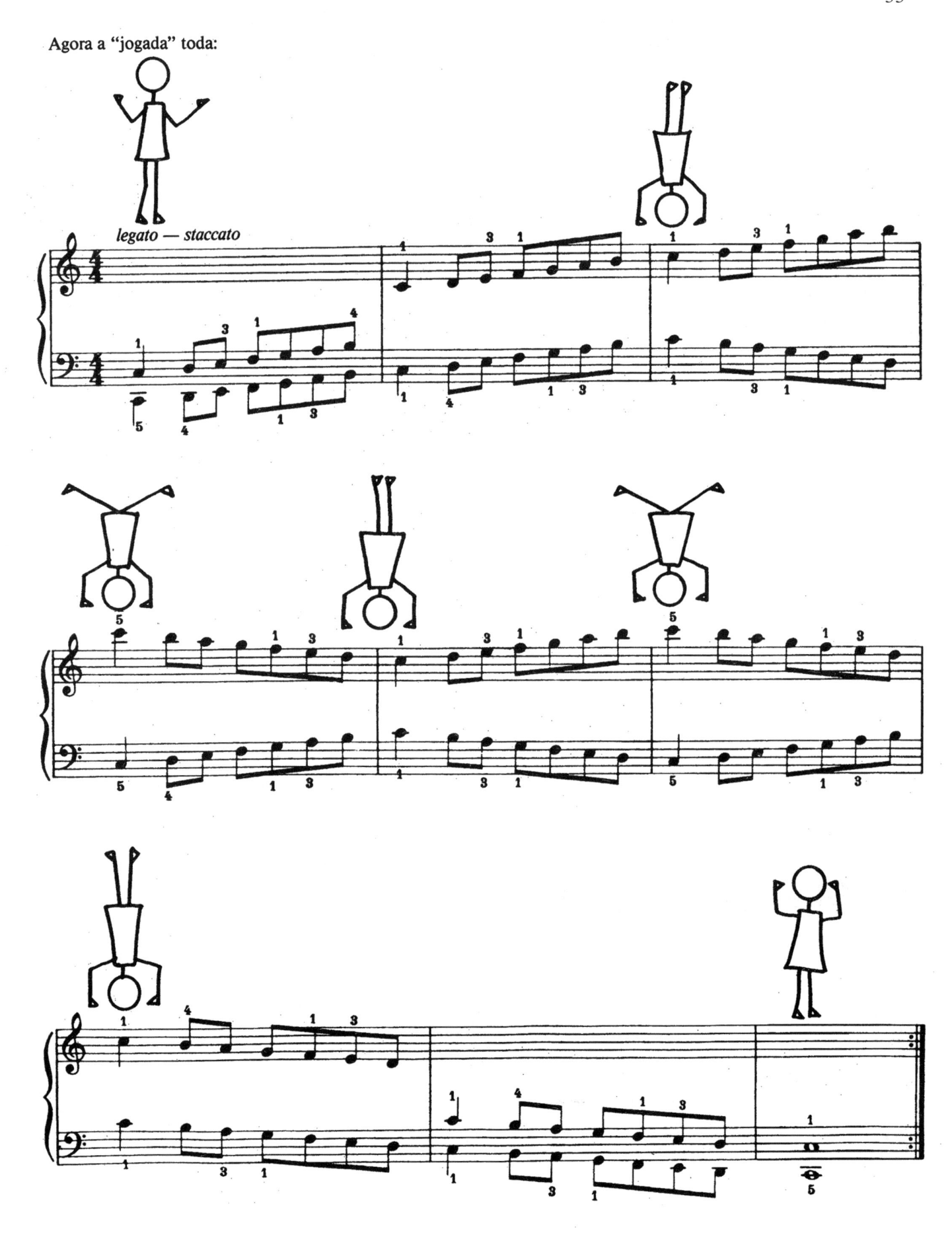

legato — staccato

12. Agora Estou Pronto Pra Tocar
Vamos A Aula Começar
(Fit As A Fiddle And Ready To Go)

legato — staccato